Lugares dónde trabajamos

por Helen Gregory

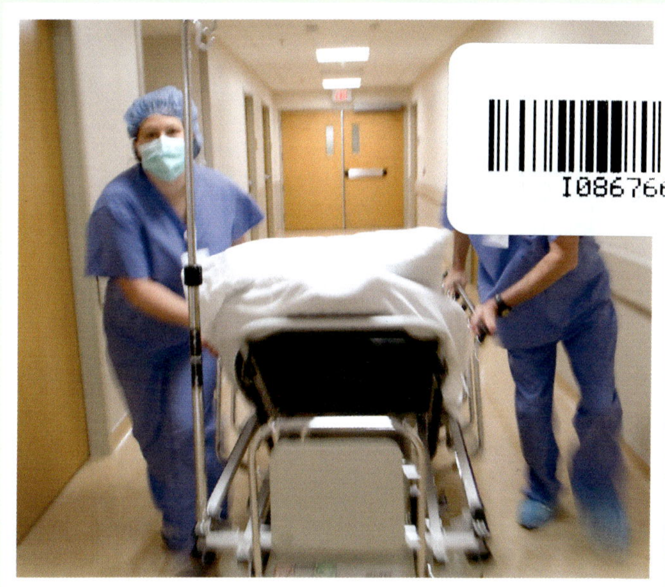

Consultora:
Adria F. Klein, Ph.D.
California State University, San Bernardino

capstone
classroom
Heinemann Raintree • Red Brick Learning
division of Capstone

Las personas van al trabajo por la mañana.

Algunas personas trabajan en oficinas.

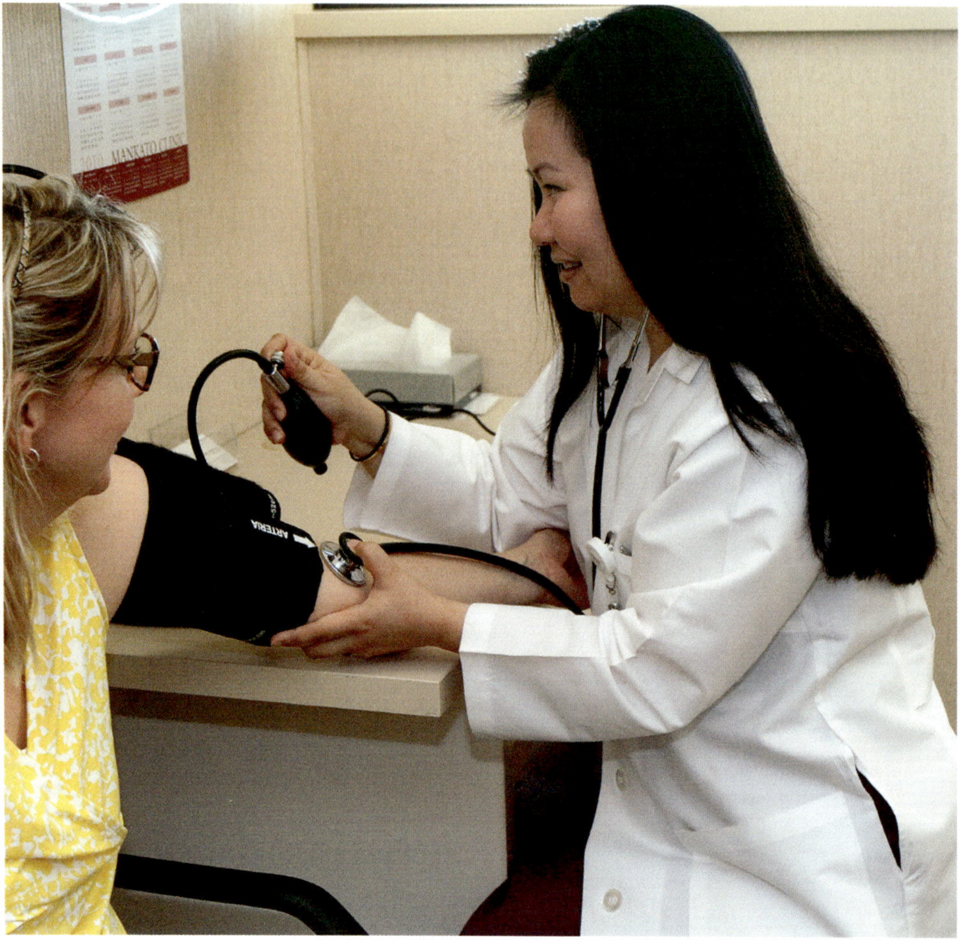

Esta doctora trabaja en un hospital.

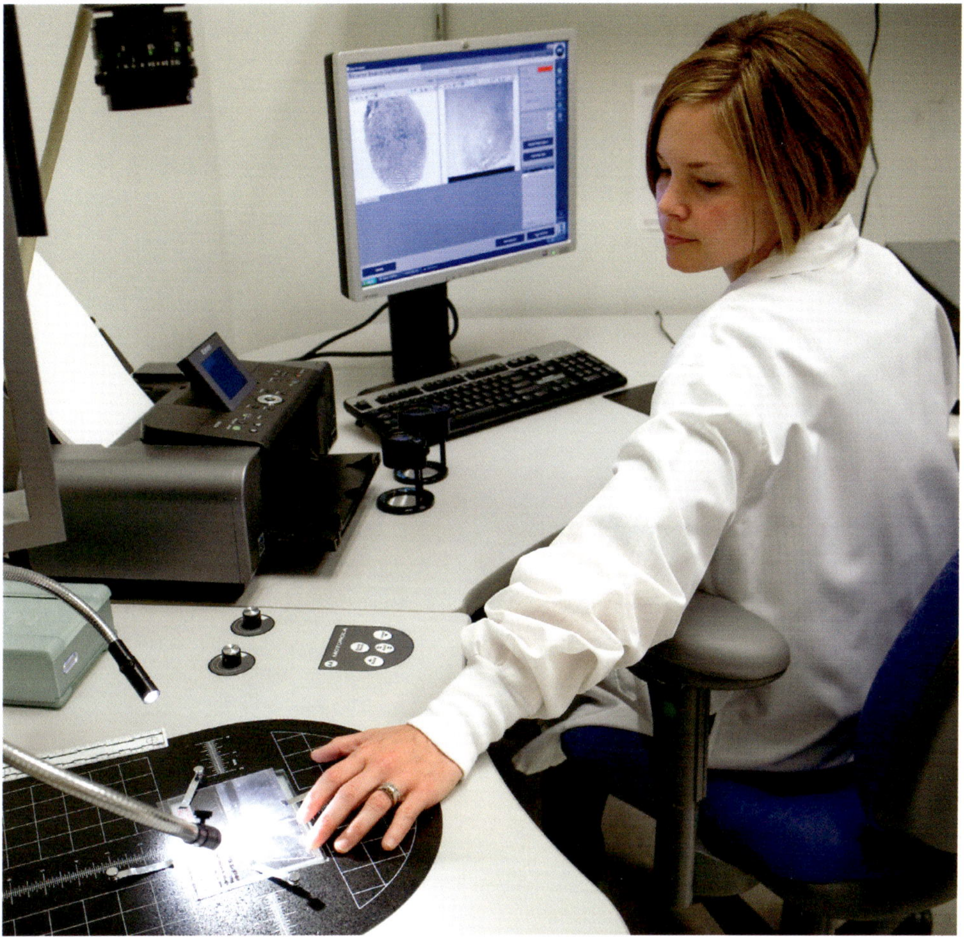

Esta científica trabaja en un laboratorio.

Este oficial de policía trabaja en una oficina.

Esta dentista trabaja en una clínica.

Este recolector de basura trabaja en la ciudad.

Este granjero trabaja en el campo.

Esta reportera trabaja donde suceden las noticias.

Este maestro trabaja en un salón de clase.

Este guardia de seguridad trabaja en el centro comercial.

Este bombero trabaja en la estación de bomberos.

Este salvavidas trabaja en una piscina.

Este florista trabaja en una tienda.

¿Dónde trabajas tú?